LEITVRAS
BÍ
BLI
CAS

Gianfranco Ravasi

Gramática do perdão

Tradução de **Silvana Cobucci Leite**

Edições Loyola

Título original:
Grammatica del perdono
© 2015 Centro Editoriale Dehoniano
Via Scipione Dal Ferro, 4 – 40138, Bologna
www.dehoniane.it
ISBN 978-88-10-56701-2

Dados Internacionais de Catalogação na Publicação (CIP)
(Câmara Brasileira do Livro, SP, Brasil)

Ravasi, Gianfranco
  Gramática do perdão / Gianfranco Ravasi ; tradução de Silvana Cobucci Leite. -- São Paulo : Edições Loyola, 2021. -- (Leituras bíblicas)

  Título original: Grammatica del perdono
  ISBN 978-65-5504-098-2

  1. Perdão - Ensino bíblico 2. Vida cristã I. Título. II. Série.

21-69823
CDD-234.5
-241.699

Índices para catálogo sistemático:
1. Perdão : Ensino bíblico : Cristianismo   234.5
2. Perdão : Ética cristã : Cristianismo   241.699

Cibele Maria Dias - Bibliotecária - CRB-8/9427

Preparação: Marta Almeida de Sá
Capa: Ronaldo Hideo Inoue
  Imagem da capa e aberturas de
  © ungvar | Fotolia
Diagramação: Sowai Tam
Revisão: Andréa Stahel M. Silva
Revisão técnica: Gabriel Frade

Edições Loyola Jesuítas
Rua 1822 nº 341 – Ipiranga
04216-000 São Paulo, SP
T 55 11 3385 8500/8501, 2063 4275
editorial@loyola.com.br
vendas@loyola.com.br
www.loyola.com.br

Todos os direitos reservados. Nenhuma parte desta obra pode ser reproduzida ou transmitida por qualquer forma e/ou quaisquer meios (eletrônico ou mecânico, incluindo fotocópia e gravação) ou arquivada em qualquer sistema ou banco de dados sem permissão escrita da Editora.

ISBN 978-65-5504-098-2

© EDIÇÕES LOYOLA, São Paulo, Brasil, 2021

Sumário

- 7 — 1 O perdão entre o natural e o supranatural
- 13 — 2 Uma teologia do perdão
- 17 — 3 Para uma ética simbólica do perdão

1
O perdão entre o natural e o supranatural

"Deus os perdoe, eu não posso": assim teria declarado Elisabete I (1533-1603) à condessa de Nothingham, ao menos de acordo com o que está escrito na *History of England under the House of Tudor* [História da Inglaterra sob a Casa dos Tudor] (1754-1762), do filósofo e historiador David Hume. Um conceito que teria sido formalizado em um axioma em seu *Ensaio sobre a crítica* (1711) pelo poeta inglês Alexander Pope: "Errar é humano, perdoar é divino". Outra Elisabete, rainha da França (1545-1568), havia aplicado a si mesma o esforço de perdoar, fazendo inscrever em seu anel o lema: "Esquecimento das ofensas. Perdão das injúrias". No entanto, é indubitável que uma constante e bem comprovada tradição atribui a Deus a tarefa primordial de perdoar, reconhecendo, assim, que se trata de um ato que transcende a pura e simples ética racional.

Nessa perspectiva, o perdão ultrapassaria os limites de uma moral meramente natural e racional. Esta última se fundamentaria mais no padrão da justiça retributiva que é sinteticamente expresso pelo binômio "crime-castigo" e simbolicamente definido na lei de talião. Essa lei atribui a uma *tal* culpa uma *tal* pena (daí o termo latino *talio*, "talião"), em um regime de paridade ideal, semelhante a uma roda que, a cada volta, retorna ao seu ponto de partida: "vida por vida, olho por olho, dente por dente, mão por mão, pé por pé, queimadura por queimadura, ferimento por ferimento, contusão por contusão" (Ex 21,23-25). É significativo que não poucas línguas – como, por exemplo, o italiano com *perdono* e o inglês com *forgive* – remetem este ato, que supera a lógica da justiça retributiva e distributiva, à categoria de "dom", que por sua própria natureza compreende o que é gratuito.

Não por acaso o apóstolo Paulo – para a designação do "perdoar" – prefere o verbo grego *charízomai*, que, como é evidente, se refere a *cháris*, "graça": de fato, o perdão é inconcebível sem a *cháris* que é *caritas*, ou seja, amor que nada exige em troca a não ser a aceitação do dom cujo custo, segundo o arquétipo teológico cristão, recai apenas sobre Deus, o doador-perdoador, que sacrifica seu Filho em dom. É por esse meio que o perdão, na sua qualidade transcendente substancial, precede e ultrapassa o próprio arrependimento do culpado, como ensina uma tradição mística universal. Entre os "ditos" da mística muçulmana Rabi'a, que viveu em Basra no século VIII, há um apotegma emblemático: "Um dia, um homem lhe disse: 'Cometi muitos pecados e muitas transgressões; mas, se me arrepender, Deus me perdoará?'. Rabi'a respondeu: 'Não, você se arrependerá se Deus o perdoar'". É o que será desenvolvido também por Pascal em sua reflexão sobre o desânimo que invadiria a alma assim que conhecesse plenamente seus pecados: na verdade, nossos pecados nos são revelados no mesmo instante em que são perdoados por Deus[1].

Desse modo, já não é tão paradoxal a ideia de Santo Ambrósio quando, em seu *Hexameron*, propunha o homem como meta do ato criador precisamente porque "Deus agora tinha alguém a quem perdoar", ou seja, tinha a possibilidade de manifestar um ato supremo de graça e de amor, um ato não proporcional e "lógico". Contudo, a consideração que desenvolvemos até agora não exclui a possibilidade de uma base racional e natural do perdoar. Gostaríamos, muito mais

---

1   Cf. PASCAL, B., *Pensamentos*, n. 736 (Chevalier).

simplesmente, de identificar uma linha particular que exalte uma qualidade elevada desse ato, conscientes, no entanto, da validade da afirmação tradicional de que *gratia non destruit sed perficit naturam* [A graça não destrói a natureza, mas a aperfeiçoa].

O perdoar, embora requeira um apoio transcendente e se realize em plenitude no sobrenatural, tem origem na potencialidade do amor ínsita à criatura no interior de sua própria natureza. Uma potencialidade que lhe permite ultrapassar o restrito circuito do *ego* e do egoísmo, abrindo-o para o outro em uma relação completa feita de justiça, mas também de compartilhamento e doação. Tudo isso é bem ilustrado pela célebre passagem do Gênesis em que o homem descobre a "ajuda que é *kenegdô*", isto é, que "tem diante de si" em plena paridade, quando percebe que o outro é "osso dos meus ossos, carne da minha carne" (cf. Gn 2,20.23), ou seja, partícipe de si mesmo na sua raiz estrutural de fundo – "ossos-carne" são um símbolo da identidade antropológica comum. Desse modo, poderíamos recorrer ao comentário ideal de Paulo, que diz: "ninguém jamais odiou a própria carne, antes a alimenta e dela cuida", assim como "os maridos têm o dever de amar as mulheres como a seu próprio corpo" (Ef 5,28-29), ou seja, você deve amar o próximo que é como você mesmo (cf. Lv 19,18).

Assim, o perdão pertence embrionariamente à nossa própria constituição humana, que é a de um ser por natureza destinado *ad extra*, isto é, a uma relação com o "outro" humano (o próximo), material (os animais e a criação) e com o Outro transcendente (o Criador). O vínculo de solidariedade faz com que do simples mecanismo de justiça se possa passar ao regime do amor. De fato, o amor inato por nós mesmos não pode deixar de se estender também a quem é como nós, em carne e sangue, em vida e espírito. No entanto, a marca mais elevada e decisiva, ou melhor, a extensão mais ampla, contínua e plena daquele princípio primordial, é vista pelas grandes tradições religiosas, sobretudo pela judaico-cristã, como um ato gratuito, ulterior, transcendente, moldado sobre o próprio Deus. É nessa perspectiva que gostaríamos de propor uma espécie de gramática teológica do perdão, ainda que simplificada, tendo como ponto de referência primordial aquele "grande código" da cultura ocidental que é a Bíblia.

2
Uma teologia do perdão

A consciência de que o perdão é uma realidade complexa e delicada, não redutível a uma codificação jurídico-social, já aparece em um curioso dado estatístico: no hebraico bíblico, que é uma língua muito modesta constituída apenas de 5.750 vocábulos, há no mínimo oito verbos disponíveis para expressar semanticamente uma experiência de espectro temático efetivamente diversificado e repleto de nuances, matizações e facetas. O modelo proposto é, por sua própria natureza, "extremo", é o próprio Deus, e é oferecido naquela que André Gelin definiu como a divina "carteira de identidade", presente na autorrevelação a Moisés citada em Êxodo 34,6-7, uma passagem que marcará com múltiplas retomadas a literatura bíblica subsequente. É sugestivo observar que o tetragrama sagrado do nome divino, YHWH, seja acompanhado por uma tétrade de atributos "graciosos": "YHWH, YHWH, Deus *rahûm* (terno, misericordioso), *hanûn* (magnânimo, piedoso), lento na ira, repleto de *hesed* e *'emet* (amor e fidelidade)" (34,6).

Contudo o ponto alto de tal fisionomia está na evidente superação da justiça realizada pelo perdão amoroso: de fato, de acordo com a mística dos números, declara-se que Deus "castiga a culpa dos pais nos filhos e nos filhos dos filhos até a terceira e a quarta geração", mas "conserva o seu amor e perdoa a culpa, a transgressão e o pecado até a milésima geração" (34,7). Ora, o 3 e o 4 evocam o 7 da plenitude da justiça, o 1.000 remete ao infinito divino, e é esta a ilimitada medida do perdão que ultrapassa a lógica do direito. Esse aspecto moral de Deus, por exemplo, será repetido no mínimo cinco vezes na solene oração de dedicação do templo de Sião pronunciada por Salomão. Ele constitui a base da confiança que o orante demonstra quando dirige sua súplica ao seu Senhor: "Ouve e perdoa!" (1Rs 8,30.34.36.39.50). Perdoar é, portanto, como dizia Elisabete I, um ato divino por excelência. "Todos me conhecerão" – lemos em Jeremias (31,34) – "do menor ao maior, porque eu perdoarei."

Assim, o verdadeiro fiel tem diante de si um modelo para servir de exemplo para sua moralidade: um Deus que certamente não ignora a justiça, mas que a realiza de acordo com um padrão ulterior e superior, o do perdão que é fruto do amor. E o amor, por sua natureza, não calcula, mas vai além e, para recorrer a uma metáfora bíblica do perdão divino, "deixa para trás" as culpas. Nessa linha se moverá com mais sistematicidade, continuidade e coerência o Novo Testamento, que oferece uma "cristologia" do perdão. De fato, a própria pessoa e a ação de Cristo se transformam em uma espécie de hipóstase do perdão. É central a sua morte, que é, assim, interpretada na "bênção" de abertura da Epístola aos Efésios, onde se descreve "o desígnio de amor da vontade [de Deus], para fazer resplandecer a sua maravilhosa graça, que nos foi concedida por ele no bem-amado. Nesse Filho, pelo seu sangue, temos a Redenção, a remissão dos pecados, segundo as riquezas de sua graça" (1,5-7).

A complexidade da formulação de Paulo não nos impede de ver a constelação dos temas: a graça se conecta ao amor divino e tem como sua epifania a doação, por parte de Deus, do Filho que se oferece no seu sangue derramado, cujo efeito é o perdão dos pecados dos irmãos de Cristo, filhos adotivos de Deus. Como comenta um teólogo italiano, Gianluigi Corti, "tudo parte da gratuidade do amor de Deus, que com riqueza se derrama sobre o homem mediante a efusão do sangue de

Cristo; com esse derramamento de sangue, os pecadores são agraciados. O perdão está na oferta de liberdade que é doada de modo favorável, afetuoso, por parte de Deus". O próprio Cristo, na Última Ceia, ligou o seu "sangue derramado por muitos" ao "perdão dos pecados" (Mt 26,28). E é por isso que o *kérygma* cristão, ou seja, o núcleo do anúncio universal da Igreja, é, de acordo com Lucas (24,47), "a conversão e o perdão dos pecados". É essa a "boa-nova" evangélica que marcará os Atos dos Apóstolos em suas etapas fundamentais e que terá a sua expressão efetiva e eficaz no batismo "pela remissão dos pecados".

3

Para uma ética simbólica do perdão

oderíamos fazer um longo percurso pelos caminhos teológicos e cristológicos do perdão, precisamente porque essa realidade está no próprio coração da mensagem cristã e toda infidelidade a ela é um verdadeiro ato de apostasia do fiel. O apelo ao perdão é central na exortação ao amor pelos inimigos e ao amor *tout court* que rege o Sermão da Montanha (Mt 5–7) ou o paralelo Sermão da Planície de Lucas (Lc 6,20-49): "Sede misericordiosos, como também vosso Pai é misericordioso. […] Perdoai, e sereis perdoados" (Lc 6,36-37). Configura-se, assim, uma verdadeira ética cristã do perdão, que tem sua codificação mediante uma simbologia que gostaríamos de evocar agora de maneira essencial. Ela demonstra claramente como essa moral tem uma declinação também fora do perímetro estritamente teológico, reiterando a afirmação inicial da ligação entre o supranatural e o natural.

3.1. A memória e o perdão

O fato de a medida da autenticidade do perdoar estar no esquecimento faz parte de uma convicção popular expressa por intermédio de provérbios e anedotas eventualmente irônicos, como este atribuído ao escritor estadunidense Mark Twain:

– Por que você continua a falar de meus erros passados? – perguntou o marido. – Eu tinha certeza de que você já havia perdoado e esquecido!
A mulher replicou:

— Perdoei e esqueci, sim. Mas quero garantir que você não se esqueça de que perdoei e esqueci!

Ou nesta sugestiva releitura do relato de Gênesis 4,1-16 feita por Jorge Luis Borges:

> Abel e Caim se encontraram depois da morte de Abel. Caminhavam no deserto e se reconheceram de longe. Sentaram-se no chão, acenderam o fogo e comeram. Estavam calados, como fazem as pessoas cansadas, ao final do dia [...]. À luz das chamas, Caim notou na testa de Abel a marca da pedra e, deixando cair o pão que estava para levar à boca, pediu que lhe fosse perdoado o seu delito. Abel respondeu:
> — Foi você quem me matou ou eu matei você? Não me lembro mais. Estamos juntos aqui, como antes!
> Então, Caim disse:
> — Agora sei que você realmente me perdoou, porque esquecer é perdoar.

É interessante observar que o verbo hebraico *slh*, o termo mais comum para designar o perdão, supõe precisamente que seja apagada a lembrança do mal recebido; a memória, liberta da reminiscência do mal, já não é um ventre grávido da ofensa sofrida capaz de dar à luz a vingança. A invocação do fiel pecador está toda reunida nesta dialética da "lembrança": "Não vos lembreis dos pecados da minha juventude e dos meus delitos; em nome de vossa misericórdia, lembrai-vos de mim, por causa de vossa bondade, Senhor!" (Sl 25,7). E a resposta divina é: "Sempre sou eu quem deve apagar tuas faltas por amor a mim mesmo, e não mais me lembrar de teus pecados" (Is 43,25). Sem dúvida, o ato do perdão é complexo e no exercício não raro – como observa o dramaturgo espanhol Jacinto Benavente y Martínez (1866-1954) – "pressupõe, sim, um pouco de esquecimento, mas também um pouco de desprezo e não pouca conveniência (*comodidad*)".

É por isso que nos seus *Aforismos para a sabedoria de vida* (1851) um pessimista como Schopenhauer criticava a anulação da memória: "Perdoar e esquecer significa jogar pela janela uma preciosa experiência já feita". E o teólogo latino-americano Virgilio Elizondo invertia a argumentação:

> Perdoar não significa esquecer; ao contrário, se pudesse ter esquecido, não teria necessidade de perdoar. A verdadeira virtude consiste em perdoar precisamente lembrando, porque perdoar significa estar livre da ira interior, dos ressentimentos e da busca de vingança que consome cada fibra de meu ser.

Na verdade, também este percurso visa a uma libertação daqueles germes que podem criar ódio e vingança e que são cultivados com uma lembrança obsessiva.

3.2. A psicologia do perdão

Não é nossa intenção percorrer aqui os caminhos que a moderna psicologia toma para examinar e deslindar aquele emaranhado de experiências que se unem em torno da culpa, do ódio, do desejo de vingança e de sua eventual superação. Gostaríamos apenas de mostrar a multiplicidade simbólica que o próprio perdão transcendente divino assume para poder se expressar, confirmando, assim, aquela mescla entre teologia e antropologia, entre natural e supranatural a que fizemos menção acima. Brilha nessa luz a própria denominação, já citada, de YHWH como *rahûm*, termo que evoca o frêmito das "vísceras" maternas e paternas e que gera ternura, cuidado, afeto, proteção em relação à própria criatura. A mesma raiz verbal *rhm* está em abertura para toda *sura* do Corão e exalta o Deus que é "clemente e misericordioso" ainda antes de ser justo. É admirável o retrato do Deus que é amor delineado pelo Salmista: "Tanto o oriente dista do ocidente quanto ele afasta de nós nossos pecados. Como um pai tem piedade de seus filhos, assim o Senhor tem compaixão dos que o temem" (Sl 103,12-13).

Há, portanto, uma espécie de remédio da ternura que revigora o perdão: essa é uma virtude que está desvanecendo cada vez mais em nossos dias mesmo na relação amorosa que se entrega apressadamente ao "consumo" sexual, perdendo toda a riqueza dos sentimentos, o arco-íris das emoções, a criatividade das paixões, a progressividade da descoberta, a aventura exaltante do apaixonar-se. A ternura compassiva não é fraqueza. Em sua *Vida e opiniões do cavaleiro Tristram Shandy* (1759-1767), Laurence Sterne é fulminante: "Só os corajosos sabem perdoar [...]. Um covarde jamais perdoa, não está na sua natureza". E Gandhi reiterava que "o fraco não é capaz de perdoar. O perdão é uma qualidade dos fortes". Aliás, o perdoar pode ser um ato que conserva em si certa veemência e força que não contradizem a generosidade e a doçura da atitude fundamental. O profeta Miqueias usava uma dupla imagem muito expressiva e icônica: Deus pisoteia os pecados humanos quase com irritação e depois lança os resíduos no mar. Estas são suas palavras: "Deus voltará a ter piedade de nós: calcará aos pés as nossas culpas e lançará no fundo do mar todos os nossos pecados" (7,19). Eis, então, o apelo profético a se deixar abraçar pela ternura (*rhm*) divina: "Que o ímpio abandone o seu caminho, e o iníquo, seus pensamentos; que ele retorne para o Senhor que sente ternura por ele, para o nosso Deus que é pródigo em perdoar" (Is 55,7).

O perdão é visto, portanto, em conexão com outra simbologia psicológica, a que une em si um peso sufocante e uma libertação-desagravo. A esse respeito, é sugestivo um par de verbos bíblicos adotados para indicar o perdoar. De um lado, há o verbo hebraico *nasa'*, que denota um "aliviar" por "remover, levar embora". A culpa é um peso insuportável e paralisador que impede a alma de respirar, deprime o coração e bloqueia a serena liberdade da consciência. Deus é o sujeito principal deste *nasa'-tollere* libertador (ver Ex 34,7; Nm 14,18; Sl 32,5; 85,3; Is 33,24; Os 14,3; Mq 7,18). Há, porém, também o Servo sofredor cantado por Isaías (53,12) que "carrega o pecado das multidões" para expiá-lo, e sobretudo há o Cordeiro de Deus, o Cristo apresentado pelo Batista como "aquele que 'carrega'" sobre si e "tira" o pecado do mundo (Jo 1,29).

Esse conceito de perdão como libertação é representado também pelo verbo neotestamentário usado precisamente no sentido de "perdoar", o grego *aphíemi*: ele indica um "deixar ir", um "despedir" e, portanto, um "libertar", tanto que sua acepção originária e primordial era a da libertação dos prisioneiros (Lc 4,18 que reproduz Is 61,1; 58,6). Perdoar é, portanto, libertar uma pessoa de um pesadelo que lhe oprime o espírito, e por reflexo é libertar também quem perdoa da tensão que o atinge, do anseio de vingança, da opressão do ódio. Andrej Sinyavsky (1925-1997), conhecido autor do dissenso contra o regime soviético, observava: "Basta perdoar para que a alma se alegre, como se um nó que nenhum esforço conseguia desfazer se soltasse". E é famosa a afirmação do teólogo e pregador francês Jean-Baptiste Henri Lacordaire: "Querem ser felizes por um instante? Vinguem-se! Querem ser felizes para sempre? Perdoem!".

3.3. A terapia do perdão

Com base na reflexão anterior, podemos introduzir uma simbologia muito original para definir os efeitos gerados pelo perdão. O tema é bem expresso nesta declaração do Salmo 147,3: "Ele [o Senhor] cura os contritos de coração e remedia suas feridas". Perdoar é como cauterizar uma ferida, é fazer com que o ser humano recupere a saúde: "Ele [o Senhor] perdoa todos os teus pecados, cura todas as tuas enfermidades" (Sl 103,3). "Eu vi seus caminhos, não obstante eu o curarei, eu o guiarei, eu lhe proporcionarei conforto", diz de Israel o Senhor em Isaías 57,18. É interessante o fato de Jeremias usar o sintagma "curar as rebeliões" (3,22). Essa concepção nasce da antropologia bíblica, por natureza unitária: todo fenômeno espiritual tem uma ressonância também somática, considerada a coesão do ser humano.

Sem dúvida, na antiguidade bíblica era possível criar até curtos-circuitos que confundiam religião e medicina, culpa e doença, absolvição e cura, como ocorria na bem conhecida teoria da retribuição de acordo com a qual o sofrimento físico se transformava em sinal ético. Emblemático, até por seu caráter paradoxal, é o caso do cego de nascença e da respectiva pergunta dos discípulos de Jesus: "Quem pecou, ele ou os pais dele, para que tenha nascido cego?" (Jo 9,2). Obviamente, Cristo rejeita essa conexão, mas, em sua ação diante dos sofredores, não exclui o vínculo profundo entre espiritualidade e humanidade, entre psique e corpo. Sua obra terapêutica não se dirige apenas à dimensão somática, mas à pessoa como um todo. É por isso que a cura às vezes é acompanhada pelo perdão dos pecados (por exemplo, Mc 2,1-12, com o caso do paralítico de Cafarnaum).

Por isso, por meio desse caminho "terapêutico", poderíamos atingir uma perspectiva "psicológica" ulterior: perdoar pode ter uma redundância quase física no perdoado; ele volta a ser admitido na comunidade dotado de uma serenidade que também é energia. O teólogo Christian Duquoc tinha razão quando, em seu *Jésus, homme libre*, afirmava que "o perdão é um gesto da vida cotidiana, é um elemento essencial das relações sociais". Indo além, poderíamos afirmar que o perdão cria uma nova humanidade, realiza uma espécie de re-criação. Isso é simbolicamente representado na cristofania pascal joanina em que o Ressuscitado sopra sobre seus discípulos, evocando o Espírito de Deus que pairava sobre as águas na criação (Gn 1,2). Essa nova criação é efetuada mediante o perdão dos pecados, explicitada precisamente pelo gesto do soprar sobre: "Aqueles a quem perdoardes os pecados serão perdoados" (Jo 20,23). O perdoar faz parte de um ato criativo e criador que transforma e transfigura todo o ser, dando origem a uma nova humanidade, mais "saudável", livre e apaziguada.

3.4. A economia do perdão

Se quiséssemos recorrer à simbologia numérica, poderíamos traçar uma espécie de "matemática" da justiça, do amor e do perdão. É óbvio que a equação da justiça é o 1 por 1: "olho por olho...", assim como a da violência cega e destrutiva é o 7 por 77, seguindo o grito de Lamec: "Sete vezes será vingado Caim, mas Lamec o será setenta e sete vezes" (Gn 4,24). Em antítese a esta se coloca a equação do perdão assim como é formulada por Jesus, que – por contraste – depois a ilustrará com a parábola do servidor cruel (Mt 18,23-35). Ela pressupõe um 7 por 70 × 7: "Pedro, então, chegou perto de Jesus e lhe perguntou: 'Senhor, quantas vezes terei de perdoar a meu irmão, se pecar contra mim? Até sete vezes?'. Jesus lhe respondeu: 'Eu não te digo até sete vezes, mas até setenta vezes sete'" (Mt 18,21-22). Em relação à ilimitada amplitude do perdão divino diante do limite circunscrito da justiça, já se vira que a equação era 7 por 1.000 (Ex 34,7).

O ato de perdoar faz parte daquela "economia" particular do amor que não faz cálculos, mas doa, e precisamente assim multiplica os seus efeitos. Ela é descrita na miniparábola que Lucas insere no episódio da pecadora que encontra Jesus na casa de Simão, o fariseu:

> "Um credor tinha dois devedores: um lhe devia quinhentas moedas de prata e outro, cinquenta. Como eles não tinham com que pagar, perdoou-lhes a dívida. Qual deles, então, vai amá-lo mais?". Simão respondeu: "Creio que será aquele a quem mais perdoou". Jesus disse: "Julgaste bem!" (Lc 7,41-43).

O perdão quebra a corrente rígida do toma lá, dá cá e introduz a lógica da doação livre e generosa. Cria-se um novo regime nas relações humanas, menos ligado ao cálculo que no final torna as relações tensas e frias: na parábola, o que se tem em troca da remissão-perdão é o amor, que é muito mais do que 500 ou 50 moedas de prata.

Essa é uma lógica que aplicamos espontaneamente (e egoistamente) a nós mesmos, como advertia Jean de La Fontaine em uma das morais de suas fábulas: "Perdoamos tudo a nós mesmos e nada aos outros". Aludindo à célebre imagem evangélica da trave e do cisco (Mt 7,3-5), São Francisco de Sales concluía: "Geralmente os que perdoam demais a si mesmos são mais rigorosos com os outros". Em vez disso, deveríamos ser coerentes e adotar para todos a mesma "economia" de perdão. E, precisamente porque todos pertencem à mesma criaturalidade adâmica e à relativa finitude e fragilidade, é necessário reiterar a lei da reciprocidade. Ela resplandece no *Pai-nosso*: "Perdoai as nossas dívidas assim como nós perdoamos os nossos devedores" (cf. Mt 6,12). Essa é uma invocação acompanhada por um comentário cuja redação provavelmente tem origem em Mateus: "Porque, se perdoardes aos homens as suas culpas, também vosso Pai celeste vos perdoará. Mas, se não perdoardes aos homens, vosso Pai não perdoará as vossas culpas" (Mt 6,14-15).

Essa lei, que também está na base da citada parábola do servidor impiedoso, é enfatizada várias vezes no epistolário paulino: "Sede antes bondosos e misericordiosos uns para com os outros, perdoando-vos mutuamente, como Deus vos perdoou em Cristo" (Ef 4,32); "Suportai-vos uns aos outros. Perdoai-vos mutuamente [...] Como o Senhor vos perdoou, assim também vós" (Cl 3,13). Perdoados por Deus e pelos outros, perdoemo-nos reciprocamente: esse é o compromisso moral cristão que, no entanto, tem uma vez mais uma raiz natural, profundamente humana. À espiral de violência que infecta a sociedade se pode e se deve opor a espiral do perdão, como atesta — apenas para propor um exemplo concreto contemporâneo — uma troca de correspondência entre um ex-terrorista das Brigadas Vermelhas italianas e o padre jesuíta Adolfo Bachelet, irmão de uma das vítimas.

Eis um trecho do testemunho epistolar daquele prisioneiro:

> Percebi que, uma vez acionada a espiral do perdão, do amor, do bem gratuito, ninguém mais a detém: torna-se um contágio, uma luz que se transmite de um olhar ao outro, uma reação em cadeia. Este é o milagre, do qual hoje sou testemunha, na prisão. Eu tenho esta nova consciência: se conseguir transformar minha vida, esta se tornará um sinal para os outros e, quando eles fizerem o mesmo, esse sinal se propagará e alcançará outros.

Trata-se, portanto, de elaborar uma verdadeira educação para o perdão que, mesmo não suprimindo as exigências da justiça, as concretiza e as supera, dando origem a uma civilização diferente que vê em ação não apenas as regras da "economia" paralelística do direito, mas também a "excedente" do perdão.

É surpreendente descobrir como esse anseio, que é transcendente mas também inerente a toda criatura, é igualmente exaltado pela mais nobre tradição muçulmana, como demonstra este apólogo do sufismo com o qual encerramos esta sucinta e simplificada gramática teológica do perdão.

Um viajante foi ultrapassado na estrada por um homem montado num cavalo a galope: tinha o olhar carrancudo e as mãos ensanguentadas. Pouco depois, surgiu um grupo de cavaleiros que lhe perguntaram se ele havia visto um homem a cavalo sujo de sangue. O viajante perguntou: "Vocês estão perseguindo aquele malfeitor para entregá-lo à justiça?". "Não" – responderam – "estamos indo atrás dele para lhe mostrar o caminho correto do arrependimento e do perdão."

Outros títulos da Coleção:

- **A página sagrada** — Gianfranco Ravasi — Como interpretar a Bíblia
- **As mulheres da Galileia** — Marinella Perroni — Presenças femininas na primeira comunidade cristã
- **O homem da Bíblia** — Gianfranco Ravasi
- **Darwin e o Papa** — Gianfranco Ravasi — O falso dilema entre evolução e criação
- **O ponto de vista** — Daniel Marguerat — Olhar e perspectiva nos relatos dos evangelhos

Conheça nosso catálogo em www.**loyola**.com.br Siga-nos: @edicoesloyola

Edições Loyola
Jesuítas

Edições Loyola

editoração impressão acabamento

Rua 1822 n° 341 – Ipiranga
04216-000 São Paulo, SP
T 55 11 3385 8500/8501, 2063 4275
www.loyola.com.br